Beerenzeit

Oh wie köstlich!

Ich kenne kaum jemanden, der sie nicht liebt: BEEREN!
Egal ob Erdbeeren, Himbeeren, Johannisbeeren,
Brombeeren oder Blaubeeren. Im Sommer gibt es
die gesunden und leckeren Beeren im Überfluss.

Auf den nächsten Seiten finden Sie jede Menge
Rezepte mit den kleinen süßen Früchtchen.

*Viel Freude beim Mixen,
wünscht Corinna Wild*

Rezeptübersicht

4
Erdbeer-
Lavatorte

6
Beeren-
Waffeltorte

8
Erdbeer-Kokos-
Tiramisu

10
Blaubeer-
Hefekuchen

12
Brombeer-
Vanille-Tarte

14
Beeren-Gries-
Schnitten

16
Kühlschranktorte
mit Beerenhaube

18
Brombeer-
Gläschen

20
Dessert-
Fruchtsauce

21
Waldbeeren-
Sirup

22
Virgin
Strawberry Kiss

23
Himbeer-Eistee

24
Strawberry
Baileys

25
Fruchtiger
Beerenlikör

26
Strawberry-
Cake-Dessert

28
Beeren-Milch-
Rahmstrudel

Blaubeer-
Muffins

Blueberry
Pie

Beeren-
Schichtdessert

Obstkuchen
Boden

Obstkuchen
Belag

Erdbeer-
Stracciatella-Torte

Beerenmarmelade
mit Amaretto

Hugo-Marmelade
mit Erdbeeren

Stachelbeer-
Streuselkuchen

Butterkuchen mit
Johannisbeeren

Schoko-
Erdbeerkissen

Strawberry
Cocos Daiquiri

Ricotta-
Blaubeer-Eis

Glutenfrei!

Erdbeer-
Lavatorte
mit Kokos

FÜR DEN KUCHENBODEN:

250 g	Zucker
4	Eiweiß (Gr. M)
1 Prise	Salz
100 g	Kokosraspeln
75 g	Schokotröpfchen (backfest)

FÜR DEN BELAG:

400 g	Erdbeeren
400 g	Sahne
1 P.	Sahnesteif
35 g	Zucker
2 EL	Schokosauce

Zubehör: Springform (Ø 26 cm)

Zubereitung

- Backofen auf 150°C Ober-/Unterhitze vorheizen. Gitterrost auf die 2. Schiene von unten einschieben.

- **Rühreinsatz in den Mixtopf einsetzen.** Zucker in eine kleine Schüssel einwiegen. Eiweiß und Salz in den Mixtopf geben und auf **Stufe 3,5** steif schlagen, dabei den Zucker durch das Deckelloch einrieseln lassen. **Rühreinsatz entfernen** und Kokosraspeln und Schokotröpfchen zugeben. Mit dem Spatel unterrühren.

- Eine Springform (Ø 26 cm) mit Backpapier auslegen und den Rand fetten. Eiweißmasse locker verteilen, dabei nicht ganz bis zum Rand ausstreichen. Im vorgeheizten Backofen 1 Std. backen. Bei geöffneter Ofentüre abkühlen lassen. Mixtopf spülen. In der Zwischenzeit Erdbeeren nach Belieben halbieren oder viertel.

- **Rühreinsatz in den Mixtopf einsetzen.** Sahne, Sahnesteif und Zucker in den Mixtopf geben und auf **Stufe 3,5** steif schlagen. **Rühreinsatz entfernen** und Sahne locker auf dem abgekühlten Boden verteilen. Mit Erdbeeren und Schokosauce garniert servieren.

Pro Stück: 459 kcal | 48 g KH | 5 g EW | 26 g Fett

Beeren-Waffeltorte

Zutaten

FÜR DIE WAFFELN:

140 g	weiche Butter
150 g	Zucker
1 Prise	Salz
2	Eier
etwas	Rumaroma
250 g	Milch, 1,5%
250 g	Weizenmehl, Type 405
2 gestr. TL	Backpulver

FÜR DIE ERBEERSAHNE:

200 g	Erdbeeren
400 g	Sahne
1 P.	Sahnesteif
50 g	Zucker

1 Handvoll Beeren zur Deko

Zubehör: Waffeleisen

Zubereitung

- Erdbeeren für die Erdbeersahne **10 Sek./Stufe 5** pürieren. Umfüllen und beiseitestellen. Mixtopf mit Wasser ausspülen.

- Für den Teig Butter, Zucker, Salz und Eier in den Mixtopf geben und **15 Sek./Stufe 5** mixen. Restliche Zutaten für die Waffeln zugeben und **10 Sek./Stufe 5** vermengen. Aus dem Teig in einem Waffeleisen 8 Waffeln backen. Mixtopf spülen.

- **Rühreinsatz einsetzen.** Sahne, Sahnesteif und Zucker auf **Stufe 3,5** steif schlagen. Nun das Erdbeerpüree bis auf 2-3 EL (für die Verzierung) hinzufügen und **10 Sek./Stufe 3** unterrühren.

- Waffeln mit Erdbeersahne im Wechsel schichten. Oben mit einer Schicht Erdbeersahne abschließen. Restliches Erdbeerpüree über die Torte geben und mit frischen Beeren dekorieren.

Pro Stück: 495 kcal | 53 g KH | 7 g EW | 24 g Fett

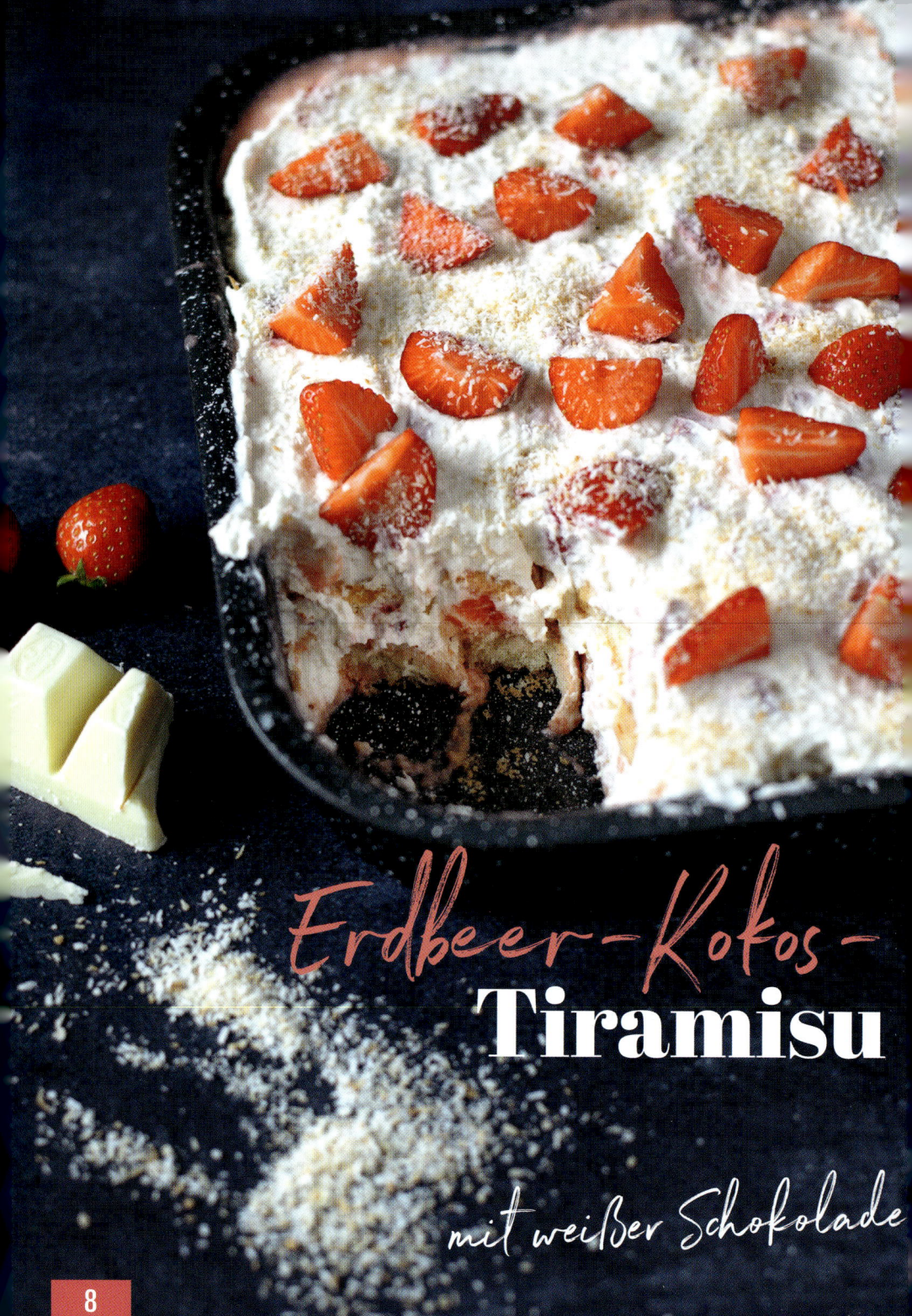

Erdbeer-Kokos-Tiramisu

mit weißer Schokolade

Zutaten

70 g	Kokosraspeln
100 g	weiße Schokolade
800 g	Erdbeeren
100 g	Orangensaft
100 g	Kokoscreme (Dose)
250 g	Sahne
750 g	Mascarpone
2 EL	Zitronensaft

1 TL	Vanillearoma
75 g	Zucker
250-300 g	Löffelbiskuit-stangen
3-5	Erdbeeren zur Dekoration

Zubehör: Auflaufform

Zubereitung

- Kokosraspeln in einer Pfanne ohne Fett leicht anrösten.

- Schokolade in Stücken in den Mixtopf geben und **6 Sek./Stufe 7-8** fein reiben. Umfüllen. 200 g Erdbeeren, Orangensaft und Kokoscreme in den Mixtopf geben und **10 Sek./Stufe 8** pürieren. Umfüllen.

- Sahne, Mascarpone, Zitronensaft, Vanillearoma und Zucker im Mixtopf **20 Sek./Stufe 4-5** cremig rühren. In eine große Schüssel umfüllen und die Hälfte der gerösteten Kokosflocken sowie weiße Schokolade mit dem Spatel untermischen. Restliche Erdbeeren klein würfeln und vorsichtig unter die Creme heben.

- Eine Auflaufform mit einer Lage Löffelbiskuit auslegen und mit der Hälfte der pürierten Erdbeeren bestreichen. Die Hälfte der Mascarponecreme darauf geben und glatt streichen. Noch einmal eine Schicht Löffelbiskuit darauf verteilen und mit restlichem Erdbeerpüree bestreichen. Mit dem Rest der Mascarponecreme abschließen und mit Kokosraspel und Erdbeerstückchen verzieren. Ca. 2-3 Std. im Kühlschrank durchziehen lassen. Gerne auch über Nacht.

Pro Stück: 588 kcal | 39 g KH | 7 g EW | 44 g Fett

Blaubeer-
Hefekuchen
mit Mandeln

Zutaten

FÜR DEN TEIG:		FÜR DEN BELAG:	
200 g	Milch, 1,5%	40 g	Zucker
50 g	Butter	200 g	Crème fraîche
60 g	Zucker	1	Ei
1 P.	Vanillezucker	1 P.	Vanillepuddingpulver
1	Ei	200 g	Blaubeeren
1 P.	Trockenhefe		
500 g	Weizenmehl,		ZUM BESTREUEN:
	Type 405	100 g	Mandelblättchen
½ TL	Salz	2 EL	Zucker mit
		1 TL	Zimt vermengt

Zubereitung

- Für den Teig alle Zutaten (außer Mehl und Salz) in den Mixtopf geben und **3 Min./37°C/Stufe 2** erwärmen. Mehl und Salz zugeben und **2 Min./Teigstufe** kneten. Teig umfüllen und an einem warmen Ort abgedeckt 1 Std. gehen lassen.

- Mixtopf spülen. Zutaten für den Belag (außer Blaubeeren) im Mixtopf **15 Sek./Stufe 4** verrühren.

- Nach der Gehzeit, Teig auf der bemehlten Arbeitsfläche recht-eckig ausrollen und auf ein mit Backpapier belegtes Backblech geben. Backofen auf 180°C Umluft vorheizen.

- Puddingcreme auf den Teig streichen und mit Blaubeeren belegen. Mandelblättchen sowie Zucker-Zimt-Mischung darüber streuen. Im vorgeheizten Backofen ca. 20 Min. backen.

Pro Stück: 261 kcal | 32 g KH | 6 g EW | 11 g Fett

Brombeer-
Vanille-Tarte

Zutaten

FÜR DEN TEIG:

175 g	Weizenmehl, Type 405
100 g	kalte Butter, in Stücken
50 g	Zucker
1	Ei (Gr. M)

Zubehör: Springform oder Tarteform (Ø 26 cm)

FÜR DEN BELAG:

400 g	Schmand
50 g	Zucker
1	Vanilleschote, Mark davon
2	Eigelb
40 g	Weizenmehl, Type 405
1 TL	Zitronensaft
250 g	Brombeeren

Zubereitung

- Alle Teigzutaten in den Mixtopf geben und **12 Sek./Stufe 4** vermengen. Teig zu einer Kugel formen und in Frischhaltefolie gewickelt ca. 1 Std. in den Kühlschrank stellen.

- Eine Springform oder Tarteform (ø 26 cm) mit Backpapier auslegen oder fetten und Teig hineingeben. Flachdrücken und am Rand etwas hochziehen. Den Boden mit einer Gabel mehrfach einstechen. Mixtopf spülen. Backofen auf 180°C Ober-/Unterhitze vorheizen.

- Alle Zutaten für den Belag (außer Beeren) im Mixtopf **15 Sek./Stufe 3,5** vermengen. Schmandcreme auf den Boden geben und mit Brombeeren belegen. Im vorgeheizten Backofen ca. 25 Min. backen.

Pro Stück: 266 kcal | 24 g KH | 4 g EW | 17 g Fett

Beeren-Gries-Schnitten

Auch lecker mit Schokostückchen!

Zutaten

FÜR DEN TEIG:

200 g	Butter, in Stücken
200 g	Zucker
1 P.	Vanillezucker
1 TL	Zitronen-schalenabrieb
6	Eier
250 g	saure Sahne
300 g	Weizenmehl, Type 405
1 P.	Backpulver
100 g	Weichweizengrieß

FÜR DEN BELAG:

600 g	gemischte Beeren, nach Wahl
etwas	Puderzucker

Zubereitung

- Backofen auf 180°C Ober-/Unterhitze vorheizen. Butter, Zucker, Vanillezucker, Zitronenschale und Eier in den Mixtopf geben und **1 Min./50°C/Stufe 5** aufschlagen. Saure Sahne zugeben und **5 Sek./Stufe 3** unterrühren.

- Mehl, Backpulver und Weichweizengrieß zugeben und **25 Sek./Stufe 5** unterrühren.

- Teig auf ein mit Backpapier auslegtes Backblech geben und glatt streichen. Mit Beeren belegen und im Backofen ca. 25 Min. backen. Vor dem Servieren mit Puderzucker bestäuben.

Tipp

Auch sehr lecker mit Schokostückchen! Einfach Schokoriegel (z.B. Kinderschokolade) in Stückchen schneiden und mit auf dem Kuchen verteilen.

Pro Stück: 246 kcal | 28 g KH | 5 g EW | 12 g Fett

Kühlschranktorte
mit Beerenhaube

mit Schokocookie-Boden

Zutaten

FÜR DEN BODEN:

250 g   Schokoladen-Cookies

100 g   Butter, in Stücken

FÜR DIE QUARKCREME:

6 Blatt   Gelatine

250 g   Sahne

500 g   Quark (20%, Halbfett)

75 g   Zucker

1 TL   Abrieb einer Bio-Zitrone

FÜR DIE BEERENHAUBE:

250 g   Sauerkirschnektar

50 g   Zucker

2 EL   Zitronensaft

1 P.   Vanillepuddingpulver

300-400 g gemischte Beeren,
nach Wahl

Zubehör: Springform (Ø 26 cm)

Zubereitung

- Cookies in den Mixtopf geben und **10 Sek./Stufe 4** zerbröseln. Umfüllen. Butter im Mixtopf **3 Min./70°C/Stufe 2** schmelzen. Cookiebrösel zugeben und **5 Sek./Stufe 3** mischen. Masse in eine gefettete Springform füllen und flach drücken. Für 30 Min. in den Kühlschrank stellen. Mixtopf spülen und kalt nachspülen.

- Gelatine in kaltem Wasser 10 Min. einweichen. Sahne OHNE Rühreinsatz im Mixtopf **6 Sek./Stufe 10** aufschlagen. Umfüllen. Ausgedrückte Gelatine in den Mixtopf geben und **2 Min./60°C/Stufe 2** schmelzen. 250 g Quark zugeben und **10 Sek./Stufe 3** verrühren. Restlichen Quark, Zucker, Zitronenschalenabrieb und Sahne zugeben und **10 Sek./Stufe 4** mixen. Creme auf den bereits fest gewordenen Boden gießen und erneut für 3 Std. in den Kühlschrank stellen.

- Für die Beerenhaube Sauerkirschnektar, Zucker, Zitronensaft und Vanillepuddingpulver im Mixtopf **3 Min./90°C/Stufe 3** erhitzen, bis der Pudding andickt (ggf. Zeit verlängern, bis die 90°C erreicht sind). Beeren mit der Puddingcreme in einer Schüssel vermischen und mittig auf dem Kuchen platzieren.

Pro Stück: 346 kcal | 31 g KH | 8 g EW | 21 g Fett

Brombeer
Gläschen

Zutaten

250 g	Naturjoghurt, 3,8%
250 g	Quark, 20%
80 g	Zucker
½ TL	Vanillearoma
40 g	Orangensaft
40 g	Milch, 1,5%
1 Btl.	Gelatinefix
50 g	Brombeeren
50 g	Himbeeren

ZUR DEKO:
12 Brombeeren
ein paar Minzblätter

Zubereitung

- Alle Zutaten außer Beeren in den Mixtopf geben und **30 Sek./Stufe 4** mixen. Dreiviertel der Creme auf 4 Gläser verteilen.

- Zur restlichen Creme im Mixtopf die Beeren zugeben und **10 Sek./Stufe 5** pürieren. Die Fruchtcreme auf die Gläser verteilen und mit Brombeeren und Minze dekorieren.

- Vor dem Servieren ca. 1 Std. im Kühlschrank durchziehen lassen.

Pro Glas: 219 kcal | 29 g KH | 12 g EW | 6 g Fett

750 ml

Dessert-
Fruchtsauce

Zutaten

400 g	Johannisbeer-Nektar
2 EL	Zucker
etwas	Bittermandelaroma
1 P.	Vanillepuddingpulver
1 Spritzer	Zitronensaft
¼ TL	Zimt
200 g	Blaubeeren
50 g	Brombeeren
100 g	Erdbeeren

Zubereitung

• Alle Zutaten in den Mixtopf geben und **7 Min./90°C/Stufe 2** erhitzen. Im Anschluss **10 Sek./Stufe 7** mixen.

• Hält sich im Kühlschrank mehrere Tage.

  Passt sehr gut zu Dessert oder Eis, aber auch auf Waffeln, Pancakes oder Pfannkuchen.

Pro 30 ml: 21 kcal | 4 g KH | <1 g EW | <1 g Fett

500 ml

Waldbeeren Sirup

Zutaten

325 g	Erdbeeren
125 g	Blaubeeren
250 g	Zucker
25 g	Zitronensaft
100 g	Wasser

Tipp

Für einen Erdbeersirup einfach 450 g Erdbeeren und keine Blaubeeren verwenden.

Zubereitung

• Alle Zutaten in den Mixtopf geben und **5 Sek./Stufe 7** mixen. Dann das Beerenpüree **30 Min./95°C/Stufe 1** zu einem Sirup einkochen.

• Sirup durch ein Sieb in heiß ausgespülte Flaschen abfüllen.

Pro 10 ml: 24 kcal | 6 g KH | <1 g EW | 0 g Fett

2 gr. Gläser

Virgin Strawberry Kiss

Zutaten

150 g	Eiswürfel
150 g	Erdbeeren
10 g	Erdbeersirup
150 g	Orangensaft
150 g	Maracujanektar
50 g	Sahne

Zubereitung

- Alle Zutaten (außer Sahne) in den Mixtopf geben und **10 Sek./Stufe 9** mixen.

- Sahne zugeben und **5 Sek./Stufe 7** vermengen. In 2 große (oder 4 kleine) Gläser füllen und mit Beeren garniert servieren.

Pro Glas: 193 kcal | 26 g KH | 2 g EW | 8 g Fett

Ohne Zucker!

4 Gläser

Himbeer-Eistee

Zutaten

125 g   Himbeeren
900 g   Wasser, lauwarm
2 Beutel weißer Tee, Jasmin
2 TL   Zitronensaft
160 g   Eiswürfel

Tipp

Wer es lieber süß mag,
kann noch Zucker nach
Belieben zugeben.

Zubereitung

• Zuerst Himbeeren einfrieren, alternativ
können Sie auch TK-Himbeeren verwenden.

• Wasser im Mixtopf **8 Min./100°C/Stufe 1**
erhitzen. Teebeutel ins Wasser geben. Nach
3 Min. Ziehzeit, Teebeutel herausnehmen
und etwas abkühlen lassen.

• Zitronensaft, gefrorene Himbeeren und
Eiswürfel zum Tee in den Mixtopf geben
und **30 Sek./Stufe 10** mixen. Mit Eiswürfel
und Zitronenscheiben servieren.

Pro Glas: 16 kcal | 2 g KH | 1 g EW | <1 g Fett

1,5 Liter

Strawberry Baileys

Zutaten

120 g	Zucker
1 P.	Vanillezucker
500 g	Sahne
500 g	Milch, 1,5%
5 EL	Erdbeersirup
2	frische Eier
350 g	Whisky

Zubereitung

• Alle Zutaten (außer Whisky) in den Mixtopf geben und **8 Min./80°C/Stufe 3** erhitzen.

• Whisky zugeben und **10 Sek./Stufe 3** unterrühren.

• In Flaschen abfüllen und im Kühlschrank aufbewahren. Hält sich 4-6 Wochen. Am besten mit Eiswürfel eiskalt genießen!

Pro 40 ml: 90 kcal | 6 g KH | 1 g EW | 4 g Fett

Gut gekühlt genießen!

2,3 Liter

Fruchtiger Beerenlikör

Zutaten

500 g Zucker
750 g gemischte Beeren, nach Wahl
100 g Zitronensaft
250 g Wasser, lauwarm
750 g Wodka

Zubereitung

- Zucker in den Mixtopf geben und **5 Sek./Stufe 8** pulverisieren. Beeren zugeben und **10 Sek./Stufe 10** zerkleinern. Mit dem Spatel nach unten schieben.

- Zitronensaft und Wasser zugeben und **10 Min./90°C/Stufe 2** erhitzen.

- Wodka zugeben und **10 Sek./Stufe 4** unterrühren. Likör durch ein Sieb gießen und in Flaschen abfüllen.

Pro 20 ml: 40 kcal | 11 g KH | <1 g EW | <1 g Fett

Strawberry-Cake-
Dessert

mit Strawberry-Baileys

Zutaten

FÜR DIE CREME:		AUSSERDEM:	
250 g	Magerquark	100 g	Löffelbiskuit
100 g	Naturjoghurt, 3,5%	8 EL	Strawberry-Baileys
250 g	Quark, 20%	16	kl. Erdbeeren
40 g	Strawberry-Baileys (siehe S. 24)	500 g	Sahne
40 g	Zucker	2 P.	Sahnesteif
1 Spritzer Zitronensaft		2 P.	Vanillezucker
80 g	Erdbeeren	8 TL	Erdbeersirup
		ein paar Zuckerperlen	

Zubereitung

- Zuerst Löffelbiskuit im Mixtopf **5 Sek./Stufe 6** zerkleinern. Auf 8 Dessertgläser aufteilen und mit je 1 EL Strawberry-Baileys tränken.

- Alle Zutaten für die Creme in den Mixtopf geben und **20 Sek./Stufe 6** vermengen. Erdbeeren halbieren und je 4 Hälften mit der Schnittfläche nach außen in das Glas stellen. Creme vorsichtig mittig in die Gläser füllen. Mixtopf spülen.

- Sahne, Sahnesteif und Vanillezucker in den kalten Mixtopf geben und OHNE Rühraufsatz **10-12 Sek./Stufe 10** steif schlagen und mit einem Spritzbeutel auf die Creme spritzen. (Wir haben einen Spritzbeutel mit Rosentülle verwendet.) Mit Erdbeersirup und Zuckerperlen garniert servieren.

Pro Glas: 392 kcal | 32 g KH | 11 g EW | 24 g Fett

Beeren-Milchrahm Strudel

Wir haben Blaubeeren und Erdbeeren verwendet!

Zutaten

FÜR DEN TEIG:

150 g	Weizenmehl, Type 405
1 Prise	Salz
80 g	Wasser, lauwarm
1 TL	Öl
1 TL	Weißweinessig

FÜR DEN GUSS:

2	Eier
200 g	Milch, 1,5%
30 g	Zucker

FÜR DIE FÜLLUNG:

2 Scheiben	Toastbrot
1	Ei
50 g	Zucker
15	Weizenmehl, Type 405
25	Milch, 1,5%
125 g	Magerquark
75 g	Sauerrahm
30 g	weiche Butter
250 g	Beeren (z.B. Blaubeeren, Johannisbeeren, Stachelbeeren...)

Zubehör: Auflaufform (Ø 25 cm)

Zubereitung

- Alle Zutaten für den Teig im Mixtopf **1 Min./Teigstufe** kneten. Teig herausnehmen, zu einer Kugel formen. Mit etwas Öl bestreichen und 30 Min. ruhen lassen.

- In der Zwischenzeit Zutaten für den Guss **10 Sek./Stufe 5** mixen und umfüllen. Für die Füllung vom Toast die Rinde abschneiden und klein würfeln. In den Mixtopf geben. Restliche Zutaten für die Füllung (außer Beeren) zugeben und **30 Sek./ ⟳ /Stufe 3** mixen. Backofen auf 160°C Ober-/Unterhitze vorheizen.

- Teig auf einem bemehlten Geschirrtuch sehr dünn ausrollen (ca. 30x40 cm). Füllung auf den Teig streichen, dabei ringsrum einen Rand freilassen. Mit Beeren bestreuen und aufrollen. Strudel in eine gefettete Form (Ø ca. 25 cm) legen und mit der Hälfte des Gusses übergießen. Im vorgeheizten Backofen 20 Min. vorbacken.

- Danach restlichen Guss darübergeben und weitere 35-40 Min. fertig backen. Mit Puderzucker bestäubt servieren.

Pro Port.: 492 kcal | 67 g KH | 17 g EW | 16 g Fett

Super saftig!

Blaubeer
Muffins

Zutaten

100 g   Butter, in Stücken
220 g   Vollrohrzucker
2   Eier
220 g   Buttermilch
350 g   Weizenmehl, Type 405
3 gestr. TL Backpulver
300 g   Blaubeeren

Zubehör: Muffinförmchen/-blech

Zubereitung

- Backofen auf 200°C Ober-/Unterhitze vorheizen.

- Zuerst Butter in den Mixtopf geben und **2 Min./60°C/Stufe 2** schmelzen. Zucker, Eier und Buttermilch zugeben und **30 Sek./Stufe 5** vermengen.

- Mehl und Backpulver zugeben und **10 Sek./Stufe 4** mixen. Mit dem Spatel Mehlreste vom Mixtopfrand nach unten schieben und noch einmal **10 Sek./Stufe 4** mixen.

- Blaubeeren mit dem Spatel vorsichtig unter den Teig heben. Teig auf 12 Muffinförmchen aufteilen und im vorgeheizten Backofen ca. 20 Min. backen.

Pro Muffin: 265 kcal | 41 g KH | 5 g EW | 8 g Fett

Blueberry
Pie

Serviert mit Vanilleeis!

Tipp Wer möchte, kann aus dem restlichen Teig auch Streifen als Gitter über den Deckel legen. Aber bitte mit einer Gabel Lüftungslöcher einstechen.

Zutaten

FÜR DEN TEIG

320 g	Weizenmehl, Type 550
2 TL	Zucker
1 Prise	Salz
190 g	kalte Butter, in Stücken
130 g	kaltes Wasser

Zubehör: Tarteform

FÜR DIE FÜLLUNG

500 g	Blaubeeren
3 EL	Speisestärke
120 g	Zucker
1 P.	Vanillezucker
1 Msp.	Zimt

ZUM BESTREICHEN
1 Ei + 1 EL Milch, 1,5%

Zubereitung

- Alle Teigzutaten in den Mixtopf geben und **15 Sek./Stufe 4** vermengen. Teig in Frischhaltefolie wickeln und 1 Std. in den Kühlschrank legen.

- Die Hälfte des Teiges herausnehmen. Etwas Mehl auf die Arbeitsfläche streuen und den Teig rund ausrollen (etwas größer als die Pieform). Form mit Butter fetten und Teig hineingeben, überschüssigen Teig entfernen.

- Alle Zutaten für die Füllung in einer großen Schüssel vermengen und auf den Teig geben. Form samt Beeren für die Zwischenzeit in den Kühlschrank stellen.

- Die zweite Hälfte des Teiges ebenso ausrollen und nach Belieben zum Beispiel mit kleinen Ausstechformen Teigstücke ausstechen. Teigdeckel auf den Kuchen setzen und Rand andrücken. Ei mit Milch in einer Tasse verquirlen und den Kuchen damit bestreichen. Im vorgeheizten Backofen bei 220°C Ober-/Unterhitze ca. 35-40 Min. backen.

Pro Stück: 253 kcal | 36 g KH | 4 g EW | 10 g Fett

Pro Stück mit Eis: 333 kcal | 48 g KH | 5 g EW | 13 g Fett

Beeren-
Schichtdessert

mit Kokoskugeln

Zutaten

500 g	Magerquark
500 g	Sahnequark
100 g	ungesüßte Kokosmilch
1	Vanilleschote, Mark davon
2 TL	Zitronensaft
30 g	Zucker
70 g	Kokoskugeln (z.B. Raffaello)
400 g	gemischte Beeren, nach Wahl
1 EL	Erdbeersirup

Zubereitung

- Beide Quarksorten, Kokosmilch, Mark der Vanilleschote, 1 TL Zitronensaft und Zucker in den Mixtopf geben und **10 Sek./Stufe 4,5** mixen. Kokoskugel-Konfekt halbieren und zugeben, **5 Sek./ ⟳ /Stufe 3,5** unterheben. Creme umfüllen und Mixtopf mit Wasser ausspülen.

- Die Hälfte der Beeren mit 1 TL Zitronensaft und Erdbeersirup **10 Sek./Stufe 5** pürieren. Umfüllen.

- Quarkcreme, Beerenpüree und restliche Früchte (bis auf ein paar für die Verzierung) in ein Glas-Gefäß schichten. Zum Schluss mit Beeren und Kokoskugeln verzieren.

Tipp

Wer möchte, kann das Dessert auch in 10 kleine Gläser schichten!

Pro Port.: 210 kcal | 15 g KH | 12 g EW | 11 g Fett

Perfekt geeignet für Erdbeerkuchen mit rotem Guss!

Obstkuchen
Boden

Zutaten

2 EL	Öl
1 EL	Weißweinessig
3	Eier
100 g	Zucker
1 P.	Vanillezucker
150 g	Weizenmehl, Type 405
1 P.	Backpulver

Zubehör: Obstkuchenform (Ø 28 cm)

Zubereitung

• Alle Zutaten in den Mixtopf geben und **15 Sek./Stufe 4** vermengen.

• Eine Obstkuchenform mit Butter fetten und mit Mehl ausstreuen. Teig einfüllen und im vorgeheizten Backofen bei 200°C Ober-/Unterhitze ca. 15 Min. backen. Ca. 5 Min. abkühlen lassen und aus der Form stürzen.

Pro Stück (12): 114 kcal | 19 g KH | 3 g EW | 3 g Fett

Obstkuchen
Belag

Zutaten

500 g	Sahne
2 P.	Vanillezucker
2 EL	Beerenmarmelade, nach Wahl
350-400 g	Beeren nach Wahl
150 g	schwarzer Johannisbeernektar
1 P.	Vanillesoße, ohne Kochen

Zubereitung

• Sahne und Vanillezucker in den kalten Mixtopf geben und OHNE Rühreinsatz auf **Stufe 10** steif schlagen. Obstkuchen-Boden mit Marmelade bestreichen und Sahne locker darauf geben. Mit Beeren belegen.

• Mixtopf mit Wasser spülen. Johannisbeernektar und Vanillesoßenpulver im Mixtopf **20 Sek./Stufe 4** mixen. Klecksartig auf den Kuchen geben.

Pro Stück: 183 kcal | 13 g KH | 3 g EW | 14 g Fett

Erdbeer-Stracciatella Torte

Tipp Wer möchte, kann den Kuchen vor dem Servieren noch mit etwas Kakaopulver bestäuben und mit gehackten Pistazien bestreuen (siehe Bild).

Zutaten

FÜR DEN TEIG:

100 g	Butter, weich
50 g	Zucker
1 P.	Vanillezucker
1 Prise	Salz
2	Eier
40 g	Milch, 1,5%
100 g	Weizenmehl, Type 405
25 g	Speisestärke
1 TL	Backpulver

FÜR DEN BELAG:

150 g	Zartbitterkuvertüre
25 g	Kokosfett (z.B. Palmin)
900-1.000 g	kl. Erdbeeren
400 g	Sahne
2 P.	Sahnesteif
250 g	Mascarpone
250 g	Magerquark
50 g	Zucker
100 g	Raspelschokolade

Zubehör: Springform (Ø 26 cm), Tortenring

Zubereitung

- Butter, Zucker, Vanillezucker, Salz und Eier in den Mixtopf geben und **20 Sek./Stufe 5** vermengen. Milch, Mehl, Speisestärke und Backpulver zugeben und **20 Sek./Stufe 4** verrühren. Teig in eine mit Backpapier ausgelegte Springform geben und glatt streichen. Im vorgeheizten Backofen bei 180°C Ober-/Unterhitze ca. 20 Min. backen.

- In der Zwischenzeit Mixtopf spülen. Kuvertüre in Stücken im Mixtopf **10 Sek./Stufe 8** hacken. Kokosfett zugeben und **3 Min./50°C/Stufe 1-2** schmelzen. Alles mit dem Spatel nach unten schieben und erneut **3 Min./50°C/Stufe 1-2** erhitzen, bis die Schokolade komplett geschmolzen ist. 12 kleine Erdbeeren für die Verzierung zur Hälfte in die Schokolade tauchen und zum Trocknen auf ein Backpapier setzen.

- Den Tortenboden auf eine Kuchenplatte setzen und einen Tortenring darum stellen. Restliche Schokolade auf den Boden streichen. Von den restlichen Erdbeeren Strunk entfernen und dicht aneinander auf den mit Schokolade bestrichenen Boden setzen. Kalt stellen.

- Mixtopf spülen (Muss kalt sein!). **Rühraufsatz einsetzen.** Sahne und Sahnesteif in den Mixtopf geben und unter Sichtkontakt auf **Stufe 3-4** steif schlagen. **Rühraufsatz entfernen.** Mascarpone, Quark, Zucker und Raspelschokolade zugeben und mithilfe des Spatels **20 Sek./Stufe 4** vermengen. Ggf. noch einmal mit dem Spatel durchrühren und auf den Kuchen geben. Die Creme mit dem Spatel etwas nach unten streichen, damit auch zwischen den Erdbeeren genug Creme ist.

- Nun die Schoko-Erdbeeren für die Verzierung auf den Kuchen legen und 1-2 Std. kalt stellen. Vor dem Servieren vorsichtig mit einem Messer den Tortenring vom Kuchenrand lösen und entfernen.

Beerenmarmelade
mit Amaretto

Zutaten

750 g	gemischte Beeren
1 P.	Zitronensäure
375 g	Gelierzucker 2:1
50 g	Mandelstifte
40 g	Amaretto*

alternativ 40 g Wasser mit Bittermandelaroma gemischt

Zubereitung

• Beeren, Zitronensäure und Gelierzucker im Mixtopf **3 Sek./Stufe 5** zerkleinern. Nun **10-12 Min./100°C/Stufe 3** kochen. (Achtung: Die Marmelade sollte mind. 4 Min. bei 100°C kochen). Nun Mandelstifte und Amaretto zugeben und **5 Sek./Stufe 3** vermengen.

• Sofort in heiß ausgespülte Schraubgläser füllen, verschließen und Gläser 5 Min. auf den Kopf stellen.

Pro 20 ml: 30 kcal | 5 g KH | <1 g EW | <1 g Fett

Hugo-Marmelade
mit Erdbeeren

Zutaten

1 kg	Erdbeeren
1	Vanilleschote, Mark davon
1 TL	Limettensaft
100 g	Holunderblütensirup
200 g	Sekt
1 Handvoll	Minzblätter, gehackt
650 g	Gelierzucker 2:1

Zubereitung

• Alle Zutaten in den Mixtopf geben und **3 Sek./Stufe 5** zerkleinern. Nun **12-13 Min./100°C/Stufe 3** kochen. (Achtung: Die Marmelade sollte mind. 4 Min. bei 100°C kochen).

• Sofort in heiß ausgespülte Schraubgläser füllen, verschließen und Gläser 5 Min. auf den Kopf stellen.

Pro 20 ml: 45 kcal | 11 g KH | <1 g EW | <1 g Fett

Pro Stück: 291 kcal | 37 g KH | 6 g EW | 13 g Fett

12 Stücke

Stachelbeer-
Streuselkuchen

Zutaten

FÜR TEIG & STREUSEL:

260 g	Weizenmehl, Type 405
150 g	Butter, in Stücken
1 P.	Vanillezucker
150 g	Zucker

FÜR DEN BELAG:

250 g	Quark, 20% Fett
1	Ei
30 g	Sahne
50 g	Zucker
1 EL	Zitronensaft
2 EL	Vanillepuddingpulver (20 g)
250 g	Stachelbeeren

Zubereitung

- Backofen auf 180°C Ober-/Unterhitze vorheizer

- Zutaten für den Teig/Streusel in den Mixtopf geben und **16 Sek./Stufe 4** vermengen. Eine Springform mit Backpapier auslegen und ca. 2/3 der Streusel einfüllen. Mit den Händen am Boden festdrücken.

- Zutaten für den Belag (außer Stachelbeeren) im Mixtopf **25 Sek./Stufe 3** vermengen und auf den Teigboden geben.

- Stachelbeeren darauf verteilen und restliche Streusel darüber geben. Im vorgeheizten Backofen ca. 35 Min. backen.

Zubehör: Springform (Ø 26 cm)

Pro Stück: 147 kcal | 19 g KH | 3 g EW | 7 g Fett

24 Stücke

Butterkuchen
mit Johannisbeeren

Zutaten

FÜR DEN TEIG:

150 g	Milch, 1,5%
1 Würfel frische Hefe	
100 g	Zucker
50 g	Butter
400 g	Mehl
1 Prise	Salz
1	Ei

FÜR DEN BELAG:

500 g	Johannisbeeren
70 g	Butter
2 P.	Vanillezucker
150 g	Sahne
etwas	Puderzucker zum Bestäuben

Zubereitung

- Milch, Hefe und Zucker in den Mixtopf geben und **2 Min./37°C/Stufe 2** verrühren. Restliche Teigzutaten zugeben und **3 Min./Teigstufe** kneten. Teig in eine Schüssel umfüllen. Abgedeckt an einem warmen Ort ca. 30 Min. gehen lassen. In dieser Zeit Johannisbeeren entstielen.

- Teig auf ein mit Backpapier belegtes Backblech geben und ausrollen. In den Teig mit dem Finger tiefe Mulden eindrücken und Johannisbeeren darauf verteilen. Erneut 20 Min. gehen lassen und Backofen auf 180°C Ober-/Unterhitze vorheizen.

- Butter-Flöckchen auf dem Kuchen verteilen und mit Vanillezucker bestreuen. Im Ofen ca. 35 Min. backen. Ca. 5 Min. vor Backzeitende mit flüssiger Sahne beträufeln und fertig backen. Vor dem Servieren mit Puderzucker bestäuben.

Schoko-
Erdbeerkissen

Noch mehr Schoko?

Sollte etwas flüssige Schokolade
übrig bleiben, kann man diese noch
über die Kissen träufeln.

Zutaten

3 Rollen	Blätterteig	100 g	Zartbitterschokolade
100 g	Butter	25 g	Kokosfett (z.B. Palmin)
2 P.	Mandelblättchen	400 g	Erdbeeren
2 P.	Vanillepuddingpulver	500 g	Quark, 40%
640 g	Milch, 1,5%		
160 g	Zucker	etwas	Puderzucker zum Bestäuben

Zubereitung

- Zuerst jede Rolle Blätterteig in 4 Streifen schneiden und diese zusammenklappen. Butter in Stücken in den Mixtopf geben und **4 Min./50°C/Stufe 1** schmelzen. Mandelblättchen zugeben und **10 Sek./ ⟳ /Stufe 1** vermengen. Auf dem Blätterteig verteilen und im vorgeheizten Backofen bei 200°C Ober-/Unterhitze ca. 15 Min. backen.

- In der Zwischenzeit Mixtopf spülen und Pudding zubereiten. Hierzu Puddinpulver, Milch und 100 g Zucker in den Mixtopf geben und **10-12 Min./90°C/Stufe 2** aufkochen. Umfüllen und mit einer Folie an der Oberfläche abdecken, damit sich keine Haut bildet. Mixtopf spülen.

- Schokolade im Mixtopf **10 Sek./Stufe 8** hacken. Kokosfett zugeben und **3-4 Min./50°C/Stufe 2** schmelzen. Umfüllen und Mixtopf spülen. Den bereits abgekühlten Blätterteig aufschneiden und den Boden mit Schokolade bestreichen. Erdbeeren klein würfeln.

- Abgekühlten Pudding mit Quark und 60 g Zucker im Mixtopf **15 Sek./Stufe 4** cremig rühren. Nun etwas Quarkcreme auf die Schokolade geben und mit Erdbeerwürfeln belegen. Mit der restlichen Creme abdecken und zum Schluss den Blätterteigdeckel darauf setzen. Mit Puderzucker bestäuben und bis zum Servieren in den Kühlschrank stellen.

Pro Stück: 559 kcal | 41 g KH | 13 g EW | 38 g Fett

Strawberry-Cocos
Daiquiri
mit Erdbeer-Sorbet

Zutaten

FÜR DEN KOKOSDRINK:

2 Dosen Kokosmilch, cremig (800 g)
120 g   Malibu
2 TL   Zitronensaft
2 EL   Vanillezucker
400 g   Eiswürfel

FÜR DAS SORBET:

250 g   gefrorene Erdbeeren
100 g   gefrorene Himbeeren
60 g   Malibu
1 EL   Zitronensaft
1 EL   Zucker

Zubereitung

- Für den Kokosdrink alle Zutaten in den Mixtopf geben und **10 Sek./Stufe 10** mixen. Umfüllen.

- Für das Sorbet alle Zutaten in den Mixtopf geben und **5 Sek./Stufe 10** mixen. 100 g des Kokosdrinks zugeben und weitere **8 Sek./Stufe 10** mixen.

- Sorbet auf 6 Gläser aufteilen und mit Kokosdrink aufgießen. Eiskalt genießen.

Pro Glas: 311 kcal | 16 g KH | 3 g EW | 23 g Fett

Tipp

Wer nur das Sorbet zubereiten möchte, verwendet statt 100 g des hergestellten Kokosdrinks einfach 100 g cremige Kokosmilch. Wenn Sie dann noch Malibu durch Wasser ersetzen, ist das Sorbet alkoholfrei. Die Menge reicht für 4 Portionen.

Nur Sorbet (4): 114 kcal | 13 g KH | 1 g EW | 5 g Fett

Ricotta-
Blaubeer-Eis

Zutaten

200 g	Blaubeeren
70 g	Zucker
250 g	Ricotta
200 g	Crème fraîche
1 EL	Zitronensaft
2 P.	Vanillezucker

*Zubehör: 8 kl. Eisförmchen,
sowie 8 Eisstiele (alternativ
8 kleine Silikonförmchen)*

Zubereitung

• Blaubeeren und 40 g Zucker in den Mixtopf geben, **8 Sek./Stufe 10** zerkleinern und **6 Min./100°C/Stufe 2** aufkochen. Umfüllen und abkühlen lassen. Mixtopf spülen.

• 30 g Zucker sowie restliche Zutaten im Mixtopf **10 Sek./Stufe 3** vermengen.

• Ricottacreme mit der abgekühlten Blaubeersoße im Wechsel in 8 Eisbereiter füllen, mit der Ricottacreme beginnen. Um eine schöne Marmorierung zu erhalten, rühren Sie mit einem Schaschlikspieß etwas durch. Eisformen im Gefrierschrank mind. 3 Std. gefrieren lassen.